Jet lag

WALY SALOMÃO

Jet lag

Poemas para viagem

ORGANIZAÇÃO E APRESENTAÇÃO
Omar Salomão

MONOTIPIAS
Luiz Zerbini

COMPANHIA DAS LETRAS

Copyright © 2023 by herdeiros de Waly Salomão
Copyright das ilustrações © Luiz Zerbini

Grafia atualizada segundo o Acordo Ortográfico da Língua Portuguesa de 1990, que entrou em vigor no Brasil em 2009.

Todos os esforços foram feitos para reconhecer os direitos autorais das imagens. A editora agradece qualquer informação relativa à autoria, titularidade e/ou outros dados, se comprometendo a incluí-los em edições futuras.

Capa e projeto gráfico Elisa von Randow
Ilustração de capa Luiz Zerbini
Créditos das imagens pp. 12 e 16: Cortesia de Omar Salomão; p. 93: Reprodução de Bina Fonyat para a coletiva "Exposição", organizada por Carlo Vergara, MAM-RJ, 1973
Revisão Carmen T. S. Costa e Camila Saraiva

Dados Internacionais de Catalogação na Publicação (CIP)
(Câmara Brasileira do Livro, SP, Brasil)

Salomão, Waly, 1943-2003.
  Jet lag: Poemas para viagem / Waly Salomão; organização e apresentação Omar Salomão ; monotipias Luiz Zerbini. — 1ª ed. — São Paulo: Companhia das Letras, 2023.

ISBN 978-65-5921-390-0

  1. Poesia brasileira I. Salomão, Omar. II. Título.

22-133417   CDD-B869.1

Índice para catálogo sistemático:
1. Poesia: Literatura brasileira B869.1
Cibele Maria Dias – Bibliotecária – CRB-8/9427

Todos os direitos desta edição reservados à
EDITORA SCHWARCZ S.A.
Rua Bandeira Paulista, 702, cj. 32
04532-002 – São Paulo – SP
Telefone: (11) 3707-3500
www.companhiadasletras.com.br
www.blogdacompanhia.com.br
facebook.com/companhiadasletras
instagram.com/companhiadasletras
twitter.com/cialetras

SUMÁRIO

Apresentação — "A poesia é minha pátria" —
OMAR SALOMÃO, 9

JET LAG — POEMAS PARA VIAGEM, 21

Índice de títulos e primeiros versos, 106

Cronologia, 107

o extraordinário é a morada do poeta

APRESENTAÇÃO

"A poesia é minha pátria"

OMAR SALOMÃO

> *Como resgatar no poema uma experiência tumultuária, sem o centro fixo do sujeito ou a perspectiva da identidade? Como dar forma e rigor ao delírio, tornado um continuum espaço-tempo, mar sem margem?*
> Davi Arrigucci Jr.[1]

Quando criança, meu pai me assoprou no ouvido: "seja bom viajante". O sopro veio por escrito em um cartão-postal enviado de San Francisco no dia do meu aniversário de doze anos. "Você e Khalid, que sejam bons viajantes."

Me lembrei disso enquanto tentava caminhar com Alice Sant'Anna pelas ruas de pés-de-moleque de Paraty. Falávamos sobre fazer uma antologia com poemas do meu pai, um livro que fosse também um terminal de embarque, uma porta de acesso ou que despertasse outros olhares.

---

[1] Orelha da primeira edição de *Algaravias* (1996).

Eu estava em Paraty montando a instalação sonora "Waly, uma câmara de ecos".[2] Essa instalação vinha de uma ideia da Heloisa Buarque de Hollanda: o mesmo poema gravado por diferentes vozes, com ritmos, cadências e velocidades diversas. Fizemos uma seleção de nove poemas e gravamos leituras de oito artistas que tinham alguma sintonia com meu pai: Antonio Cicero, Renata Sorrah, Mart'nália, Matheus Nachtergaele, Zélia Duncan, Amora Pêra, Mahmundi e Michel Melamed. Na instalação, era possível ouvir o murmúrio de todas as vozes ao mesmo tempo — uma algaravia — ou se aproximar e ouvir uma voz específica por vez.

Testando o som, ouço Michel nos versos iniciais de "Tarifa de embarque": "Não te decepciones/ ao pisares os pés no pó/ que cobre a estrada real de Damasco". E tudo parece se encaixar de uma forma tão dada quanto o título do poema ou o conselho escrito no cartão amarelado do tempo. "Síria nenhuma iguala a Síria/ que guardas intacta na tua mente régia."

"Tarifa de embarque" era um dos poemas mais complicados de se ler — pelo modo como palavras de origem árabe e cidades sírias surgiam e se misturavam com a retina do poeta e a memória da criança que folheava as páginas da revista *Oriente*. Tantos nomes e lugares. E o poema, vivo, falava das ruínas do reino de Zanubia em Palmira, que agora são ruínas de ruínas — escombros de uma nova guerra que Waly não viu. Quantas Sírias diferentes não foram erguidas e esfarrapadas

---

2 Instalação feita em parceria com Daniel Castanheira, Alessandro Boschini e Suzanne Queiroz (e ajuda fundamental de um grupo de pais da Escola Waldorf Quintal Mágico — que depois usou as madeiras para construir espaços na escola) no Sesc-Paraty para a Flip 2019.

antes de seu pisante Dr. Martens gravar nas solas aquele pó distante e diferente de todos os outros?

"Tarifa", assim como "Algaravias", são palavras de origem árabe, palavras viajantes que cruzam fronteiras e línguas. "A poesia é minha pátria", ele escreveu em "The beauty and the beast", de *Me segura qu'eu vou dar um troço*. Tema propulsor para um filho de imigrante sírio com sertaneja baiana, que viajou para se inventar.

O poema "Tarifa de embarque" fecha em aberto, com um convite-lembrete numa palavra que gira, deliciosamente, na boca: perambule.

Retire da tela teu imaginário inchado
de filho de imigrante
e sereno perambule e perambule desassossegado
e perambule agarrado e desgarrado perambule
e perambule e perambule e perambule.
Perambule
— eis o único dote que as fatalidades te oferecem.
Perambule
— as divindades te dotam deste único talento.

Ao longo desse dia, em Paraty, os fragmentos ("sem grana viajar pelo mundo") de poemas diferentes ("where is my home?") me vinham sem parar ("— Indique-me sua direção, onde você se encontra agora?/ — Estou exatamente na esquina da Rua Walk com a Rua Don't Walk"). Minha cabeça fazia uma operação de seleção de versos ("eu vou tomar aquele velho navio") independente do meu equilíbrio ("Errante/ Pego

> Omar,
> cheguei ontem em San Francisco, bela cidade que espero que você, meu filho, passe um tempo por aqui. Você e Khalid, que sejam bons viajantes, bons viajadores pois viajar é se transmudar, é se modificar, é se transmutar.
> Um beijo no seu aniversário do pai sempre presente,
> Waly Salomão

Cartão-postal enviado de San Francisco, Estados Unidos, em 1995.

o volante/ E faço nele o meu ninho"), da minha atenção ou do sol quente. ("Toda viagem é inútil"). Voltei para a pousada ("Viajar, para que e para onde,/ se a gente se torna mais infeliz/ quando retorna?") para reunir as pistas visíveis ("cair na clandestinidade") antes que o fio da lembrança rompesse ("situações e lugares/ desaparecidos no ralo").

Ali, pela primeira vez, observava com maior atenção e cuidado a presença da viagem e do deslocamento como um tema na poesia do meu pai. Certos versos parecem levar, de início, à sensação da viagem como uma experiência incapaz, impossibilitada de dar o que dela se espera. Porque a memória é falha e construída. Porque a imaginação é farta.

Mas existe uma segunda camada — que está ligada a uma ideia muito importante (ou axial, como talvez meu pai diria), não só na sua poesia, mas na sua vida (e tudo isso já estava claro e dito com todas as letras, naquele postal): como o ato de viajar/ perambular está diretamente ligado ao de alterar, de se alterar.

Nesse cartão-postal, as duas relações: deslocar e se modificar. Quando se viaja, já se é outro. Viajar é colocar a si mesmo em movimento. Se transmudar. Viajar — tal qual a poesia, que, "sob o signo de Proteu", vence "o cotidiano estéril/ de horrível fixidez" — permite a metamorfose.

A escrita, como a viagem, é uma forma de libertação. E ao retornar da viagem — assim como ao final da escrita — a gente se torna mais "infeliz e vazio" porque os olhares mudam, as fronteiras escapam. Há muita coisa, e as coisas se desencaixam. Uma saída é escavada estoicamente e repetida como um mantra no poema "Estética da recepção": "Suportar a vaziez/ Suportar a vaziez como um faquir que come a própria fome".

A vaziez desenrolada como potência, como combustível, foi algo que ele descobriu com Hélio Oiticica: "Aprendi nos meus intensos diálogos com ele que a vaziez era das qualidades mais desejáveis para um artista", escreve no texto "Vaziez e inaudito":

> ele falava que fulano, sicrano, beltrano se repetiam exatamente porque não passavam por um período rigoroso de abandono do já feito, da linguagem alcançada, e não suportavam aquele embate, aquela agonia interior que sobrevém até que você atravesse e saia do outro lado da trajetória e para que você chegasse a pontos inusitados seria necessário abandonar provisoriamente ou suspender a categoria "artística" como uma tarjeta perpétua [...], exatamente para que possa vir o surpreendente, o inesperado, o impensável, o imprevisível.

VAZIEZ.
Basta introduzir, no universo da plenitude das coisas, fissuras.
FISSURAS.
Aprendi com ele?
Ou foi com outros?
Ou como foi que se deu, se dentro de mim é indistinto?[3]

---

[3] Esse texto, publicado no livro *Pescados vivos* (In: *Poesia total*. São Paulo: Companhia das Letras, 2014, p. 434), é um trecho adaptado de uma fala dele feita no Itaú Cultural e publicada com o título "Contradiscurso: Do cultivo de uma dicção da diferença" no livro *Anos 70: Trajetórias* (Iluminuras e Itaú Cultural, 2005, p. 78). Uma mudança do "Contradiscurso" para o "Vaziez e inaudito" é a troca da identificação de Hélio Oiticica pelo pronome "ele". Não vejo isso como uma tentativa de apagar o Hélio (mesmo porque o texto já havia sido publicado, e Hélio era uma referência constante). Mais interessante que isso, ao desidentificar o autor, ao abrir essa fissura, a frase se abre no tempo e no espaço, esvaziando qualquer sentido nostálgico ou fetichista. No final,

São dois movimentos: o de ida e o de volta. Deslocar e parar. O voo e o casulo. E a transformação também requer, além do risco, o tempo — e aceitar o desnorteio, a incompreensão, a quebra. E depois de tudo, como voltar a buscar o movimento? Waly encerra o poema "Jet Lagged" assim: "Mas ficar, para que e para onde, [...] se viajar é a única forma de ser feliz e pleno?", e complementa:

> *Escrever é se vingar da perda.*
> *Embora o material tenha se derretido todo,*
> *igual queijo fundido.*
>
> *Escrever é se vingar?*
> *Da perda?*
> *Perda?*

Quando se viaja/escreve, se transmuda e já se é outro (e *o* outro). Peles ficam pela estrada. Por isso a importância da compreensão da memória como outro espaço de escrita, de montagem e remontagem. Perda? Sim, mas não há razão para arrependimento. A experiência nunca será a esperada, e a ideia é que não seja. Do contrário, qual o sentido? O que se altera, quando se mantém? (Aliás, o que se esperava? Esperar?)

Em "A falange de máscaras de Waly Salomão", Antonio Cicero escreve que a vontade em Waly "consiste em querer,

---

ainda coloca em dúvida a própria lembrança — dita com tanta certeza no "Contradiscurso" — "aprendi com ele/ ou foi com outros?" — porque dentro dele a transformação já está feita — é indistinto o que é ele, o que é outro. Como escreveu meu pai em outro poema: "A linha de fronteira se rompeu" ("Câmara de ecos". In: *Poesia total*, p. 219).

Babilaque "Alterar", de Waly Salomão. Nova York, 1975.

através da poesia, fazer e refazer incessantemente a si próprio. Para que isso seja possível, se torna necessário afirmar que, nele mesmo, a liberdade, e não a natureza, tem a última, senão a única palavra".[4] No texto, Cicero traça a relação que Waly constrói ao não se tornar submisso a uma identidade e permanecer

> sendo aquilo que é. De fato, o próprio eu pode tornar-se estéril — tornar-se uma prisão — quando se apega à identidade consigo mesmo. Tal é o tema de algumas interrogações que se encontram em *Me segura*: "Será o eu de uma pessoa uma coisa aprisionada dentro de si mesma, rigorosamente enclausurada dentro dos limites da carne e do tempo? Acaso muitos dos elementos que o constituem não pertencem a um mundo que está na sua frente e fora dele?" (p. 16).[5]

São muitas as possíveis prisões — e escrever e viajar, ao inverter a ordem do dia, produzem liberdades, deslocamentos. "Eu acho que você pode olhar nos meus olhos e não estar vendo absolutamente nada", disse, certa vez, meu pai. Alterar é uma forma de camuflagem, de não se deixar capturar. "Procurar um novo ar/ alterar." Ser livre é poder se deslocar, se deslocar é furar barreiras como quem fura ondas e pesca palavras (vivas, pulsantes): "Nascer não é antes, não é ficar a ver navios,/ Nascer é depois, é nadar após se afundar e se afogar". Se deslocar é se misturar.

---

4 Antonio Cicero, "A falange de máscaras de Waly Salomão". In: *Poesia total*, p. 510.
5 *Poesia total*, p. 493.

Maryam Monalisa Gharavi, tradutora de *Algaravias: Câmara de ecos* para o inglês, diz que "a complexidade que se encontra na calmaria — quando alguém consegue superar a calmaria interna e a agitação" é um ponto fundamental na obra de Waly. No poema "Antiviagem" meu pai escreve: "Meu aconchego é o perto,/ o conhecido e reconhecido,/ o que é despido de espanto/ pois está sempre em minha volta". Penso no que vivemos nos últimos anos em uma inesperada quarentena. O silêncio de um céu sem turbinas nos levou a refletir sobre o que está próximo, "o conhecido e reconhecido".

"O modo com que eu trabalho o mundo parte da ambiguidade", disse, certa vez, meu pai. "Parte exatamente da vaziez." As antenas atentas para detectar o vento em calmaria, pois "água parada secreta veneno". E então me lembro das histórias constantes de pessoas que encontravam meu pai nas caminhadas dele pelo Jardim Botânico, no Rio. Quase sempre, ele sentado em algum banco ou em pé, conversando com alguém, ou parando para conversar. E entendo aqui também que encontrar e conversar faz parte da troca da escrita e da viagem. Formas de alterar o dia.

Em 2002, a editora Ana Dantes juntou meu pai e o artista Luiz Zerbini em um projeto de raro cuidado: trezentos exemplares pintados à mão com o poema *A vida é paródia da arte*, do meu pai, e a *Carta poema resposta* que Zerbini escreveu quando encontrou o poema na caixa do correio do seu ateliê. O ateliê ficava no rumo da caminhada quase diária do meu pai até o Jardim Botânico, e era uma parada eventual para um café e risadas. Nesse dia, no entanto, Zerbini não estava, e meu pai deixou o poema ali, como se fosse um postal. O livro-arte dos dois era envolvido por uma epígrafe de Borges: *toda colaboracion és misteriosa*. Esse foi o último poema que meu pai viu diagramado e publicado em uma vida atravessada pela arte.

As monotipias que Zerbini fez agora para este livro, tão delicadas, se abrem em um tempo outro que me remete aos versos "ler poesia como se mirasse uma flor de lótus". Do olhar do tempo e da calmaria, que se modula com o movimento de um vento que está por vir ou das linhas de uma folha, de uma palma, de uma pétala. Dizendo de outro modo, as ilustrações do Zerbini são esse poema, que não incluí na antologia, mas incluo agora:

MODULAÇÕES

Mirar
mirar
mirar a flor da vitória-régia
como se um projetor
sobre suas pétalas
modulasse
linha
a
linha
um inteiro livro de poesia
mirar
mirar
mirar

Poema jet-lagged

para Antoní Llena, artista catalão

Viajar, para que e para onde,
se a gente se torna mais infeliz
quando retorna? Infeliz
e vazio, situações e lugares
desaparecidos no ralo,
ruas e rios confundidos, muralhas, capelas,
panóplias, paisagens, quadros,
duties free e shoppings...

Grande pássaro de rota internacional sugado
pelas turbinas do jato.

E ponte, funicular, teleférico, catacumbas
do clube do vinho, sorbets, jerez, scanners,
hidrantes, magasin d'images et de signes,
seven types of ambiguity,
todas as coisas
perdem as vírgulas que as separam
explode-implode um vagão lotado de conectivos
o céu violeta genciana refletido

na agulha do arranha-céu de vidro
estações megalivrarias bouquinistes
la folie du voir bistrôs cinemas cidades
países inteiros engolfados no bueiro.
Alta cozinha e junk food alternam-se.
O carnaval caleidoscópico das ruas
onde a dura liga metálica das línguas
se derrama no vigor demótico tatibitati
full of bullshit dos motherfuckers and
mothersuckers e fuck yourself up.
É de dia? É de manhã? É de tarde? É de noite?
Dormindo? Acordado? Sonâmbulo?
Diâmbulo ou noctâmbulo?
Como uma flecha, rasgar o regaço da língua
materna. Da cálida vagina, como uma flecha
disparada.
Como uma flecha: o multilinguismo é o alvo.
Busco "los papeles rotos de las calles"
e num retângulo da muralha de Girona tornado
dorso de um tigre para a algaravia de um Deus,
eis que decifro:

És quan dormo que hi veig clar!!!

E exubera o imanentismo mediterrâneo
carnalidade carpe diem pele cor mel de verniz
do Gran Torso de Tàpies Antoní Tàpies ao modo
de um Michelângelo do subsolo do Louvre
em Celebracio'de la mel. Destaque para la noche

oscura dos pelos pubianos. "Pelos pubianos",
assim fala Ana Ramis vestida num Kenzo
prêt-à-porter. "Pentelho" na minha faláspera.
O caos como um jogo de armar, um jigsaw
puzzle cósmico. O mundo como jogo
que se desarma. A lua verde-esmeralda
dos esgotos de Natitingou, Cotonou, Abidjan
salta de continente e brilha incontinente na tela
do rosto alvejado de gesso
da bicha Nossa Senhora das Ramblas
explorada por um gigolô cruel
e encurralada por handycams japonesas.
A rua é rua-rua ou realidade virtual interativa?

SCREENS SIGNALS

Use the information at the top of the screen
to plan your fighting strategies and
keep track of your progress...

— Indique-me sua direção, onde você se encontra agora?
— Estou exatamente na esquina da Rua Walk com a Rua
Don't Walk.
As bestas relincham
e folheiam o Almanaque de Gotha
da velha nobreza poética.
O sol em extinção, as horas turvas e os espaços
em desordens são minhas matérias.

Fundo falso da bagagem da contrabandista.
Doce de goiabada cascão
com enchimento de cocaína.
Alfândegas e agentes alfandegários
enquanto espantalhos e espartilhos dessuetos
de um universo em erosão vorticista.
Habito meu nome legal ou contrabandeio
bárbaros e barbárie no meu bojo?
Traficar?
Trafico pitangas em chama, tiê-sangue,
camião de romeiros de Bom Jesus da Lapa,
a palavra OXENTE e galhos de ingazeiros.
O vinho raro que explodiu dentro da mala
e tingiu de tinto a camisa alva e cara da marca
"Comme des garçons".

E tudo:
     a mesma pasta que as minhocas da entropia
amalgamam num só composto.

Mas ficar, para que e para onde,
se não há remédio, xarope ou elixir,
se o pé não encontra chão onde pousar,
embora calçado no topatudo inglês
do Dr. Martens,
(a sensação de ter enfiado o pé na jaca)
se viajar é a única forma de ser feliz
e pleno?

Escrever é se vingar da perda.
Embora o material tenha se derretido todo,
igual queijo fundido.

Escrever é se vingar?
Da perda?
Perda?
Embora? Em boa hora.

1993

Alteza

Quando meu homem foi embora
Soprou aos 4 ventos um recado
Que meu trono era manchado
E meu reino esfiapado
Sou uma rainha que voluntariamente
Abdiquei cetro e coroa
E que me entrego e me dou
Inteiramente ao que sou
A vida nômade que no meu sangue ecoa
Abro a porta do carro fissurada
Toma-me ó mundo cigano
E sou puxada por um torvelinho
Abraçar todos os lugares...
Chamam por mim os bares poeirentos
E eu espreito da calçada
Se meu amor bebe por lá
Como me atraem os colares de luzes
À beira do caminho
Errante
Pego o volante
E faço nele o meu ninho
Pistas de meu homem
Aqui e ali rastreio
Parto pra súbitas inéditas paisagens

Acendo alto meu farol de milha
Em cada uma das cidades por que passo
Seu nome escuto na trilha
Arraial d'Ajuda, Viçosa
Porto Seguro, Guarapari, Prado
Itagi, Belmonte, Prado
Jequié, Trancoso, Prado
Meu homem no meu coração
Carrego com todo cuidado
Partiu sem me deixar caixa postal, direção
Chego a um lugar
E ele já levantou a tenda
Meu Deus, será que caí num laço
Caí numa armadilha, uma cilada
E que este amor que toda me ESPRAIOU
Não passou de uma lenda
Pois quando chego num lugar
Dali ele já levantou a tenda.

Atenda...

Atenda...

Atenda...

Musicada por Caetano Veloso.

Pan cinema permanente

para Carlos Nader

Não suba o sapateiro além da sandália
      — legisla a máxima latina.
Então que o sapateiro desça até a sola
Quando a sola se torna uma tela
Onde se exibe e se cola
A vida do asfalto embaixo
                e em volta.

1995

Tarifa de embarque

> *Sou sírio. O que é que te assombra,*
> *estrangeiro, se o mundo é a pátria em*
> *que todos vivemos, paridos pelo caos?*
> Meleagro de Gádara, 100 a.C.

Não te decepciones
ao pisares os pés no pó
que cobre a estrada real de Damasco.
Não descerres cortinas fantasmagóricas:
camadas de folheados
                 — água de flor de roseira
                 água de flor de laranjeira —
que guloso engolias,
gravuras de aldeãs portando ânforas ou cântaros,
cartões do templo de Baal
e das ruínas do reino de Zanubia em Palmira,
fotos de Aleppo, Latakia, Tartus, Arwad
que em criança folheavas nas páginas da revista *ORIENTE*
na idade de ouro solitária e febril
por entre as pilhas de fardos de tecidos
da Loja Samira;
arabescos, poços, atalaias, minaretes, muezins, curvas
             caligrafias torravam teus cílios, tuas retinas

no vão afã de erigires uma fonte e origem e lugar ao sol
                    na moldura acanhada do mundo.
Síria nenhuma iguala a Síria
que guardas intacta na tua mente régia.
Nunca viste o narguilé de ouro que tua avó paterna
                    — Kadije Sabra Suleiman —
exibia e fumava e borbulhava nos dias festivos
da ilha fenícia de Arwad.

Retire da tela teu imaginário inchado
de filho de imigrante
e sereno perambule e perambule desassossegado
e perambule agarrado e desgarrado perambule
e perambule e perambule e perambule.
Perambule
    — eis o único dote que as fatalidades te oferecem.
Perambule
    — as divindades te dotam deste único talento.

A missa do Morro dos Prazeres

SURSUM CORDA.
Ao alto os corações.
Subir,
com toda alegoria em cima,
subir,
subir a parada
que a lua cheia é a hóstia consagrada na vala negra aberta,
subir,
que o foguetório anuncia a chegada do carregamento,
subir,
querubim errante transformista,
subir,
o incensório da esquadrilha da fumaça-mãe,
subir,
como se inalasse a neve do monte Fuji,
subir,
o visgo da jaca já gruda na pele,
subir,
salvam pipocos da chefia do movimento,
subir,
soou a hora da elevação,
subir que o morro é batizado
com a graça de MORRO DOS PRAZERES
— topograficamente situado no Rio de Janeiro.

Subir o morro
que a missa católica do asfalto
— sem os paramentos e as jaculatórias do latim da infância —
pouco difere de reunião de condomínio,
sacrifício sem ENTUSIASMÓS.

Samba
Sugar loaf
Jungle
Piranha

"Ideograma" Brazil desentranhado do filme *Crown, o Magnífico* (*The Thomas Crown Affair*), EUA, 1968, dirigido por Norman Jewison. Falado por Steve McQueen.

Garrafa

Vá dizer aos camaradas
Que fui para o alto-mar
E que minha barca naufraga.

Leme partido.
Casco arrombado.
Sem farol afunda
Nas pedras dos arrecifes.

Bandeira aos farrapos. Nenhuma estrela guia
Célere desce lá do céu para minha companhia.
Destroços: proa, velame, quilha,
prancha, rede de pescar, arpão,
bússola, astrolábio, boia, sonar...

Que fui para o alto-mar
E que Medina e Meca já não significam
                    mais nada para mim.
Entrevado
Vista turva
Porto nenhum avisto
Nas trevas da cerração.

Pelejo entre os vagalhões e as rocas,
Não apuro os nós de lonjuras das seguras docas
Tampouco os altos e baixos relevos das pedras
                         que roncam ais
                   no quebra-mar do cais
Ou os tapetes de mijo e de restos de peixes
E patas de caranguejos e frutas podres
Tecidos pelas alpercatas e os pés nus sobre a rampa
                         do Mercado-Modelo.

Um marinheiro conserta sua embarcação
                — corpo de intempestiva casa —
Em pleno alto-mar aberto.
                     Vá dizer aos meus amigos.

Brejões

Vem vindo que vem vindo um vento
Que vem vindo um vento sem pé nem cabeça
Que nem antena de louva-a-deus detecta
Vem vindo que vem vindo um vento

Cânticos dos Cânticos de Salomão

eu era um mar de melancolia um coração pedra bruta
  um mundo sem alegria
Ó DOCE LOUCURA QUE ME ACONTECE Ó LÍNGUA DE FOGO QUE
MEU AMOR NOS MEUS BRAÇOS ADORMECE ME ENTONTECE
MIL MARAVILHAS DO MUNDO ELE ENCARNA

    PIRÂMIDES DO EGITO
    QUINTA AVENIDA MURALHA DA CHINA
    MACHU PICCHU TITICACA
    TRAFALGAR SQUARE COLISEU
    CATARATAS DO IGUAÇU
    MANHATTAN GUANABARA

seu corpo é gazeta ilustrada que folheio da primeira à última
  página e vice-versa
em letras garrafais o cabeçalho da manchete JÁ é um alarde:

    "JÁ RAIOU A LIBERDADE"

meu amor decretou a abertura de todos os poros da minha pele
  ele é meu
vento de viração barravento turbilhão doida canção de orfeu
representa Troia que um dia o tédio de Helena varreu
um mar azul um barco bêbado a ânfora o vinho Ulisses ébrio
  Penélope

corisco que lampeja e lambe o lajedo da minha casinha sertaneja
ele é chave geral de usina elétrica e eu arranho o céu iluminada
metrópole moderna cidade aberta tomada acesa incendiada
ele é minha cimitarra sarracena adaga afiada espada bárbara
ele é meu SOL minha luz minha brasa meu braseiro meu brasil
tição
conquistador do polo navio quebra-gelo que me derrete o
coração
sou a sede de um rio corrente caçando o SAL do oceano ardente

    SENEGAL
        MADAGASCAR
           HONGKONG
                MÁLAGA
                    RIO DE JANEIRO
                        VALPARAÍSO

        WALY SALUT AU MONDE

Imã, 1985

Musicada por Juarez Maciel. (N. E.)

ARVO
RAOV
OVAR
VOAR

V
O
A
R

Teste sonoro

Relevo zero

ANAMNÉSIA
SALIVA PRIMA

ANAMNÉSIA

eu nasci num canto
eu nasci num canto qualquer duma cidade pequena fui pequeno
qualquer duma cidade pequena fui pequeno depois nasci de novo numa cidade maior
depois nasci de novo numa cidade maior dum modo completamente diverso do
dum modo completamente diverso do nascimento anterior depois de novo nasci
nascimento anterior depois de novo nasci de novo numa cidade ainda maior e fui
de novo numa cidade ainda maior e fui virando uma pessoa que vai variando seu
virando uma pessoa que vai variando seu local de nascimento e vai virando vária e vai
local de nascimento e vai virando vária e vai variando vária e de novo nasci de novo
nasci variando vária e de novo nasci de novo nasci de novo na maior cidade e pra variar
de novo na maior cidade e pra variar não me conheço como tendo nascido só
não me conheço como tendo nascido só num único canto num único só lugar num
num único canto num único só lugar num num numnum eu nasci num canto
num numnum eu nasci num canto qualquer duma cidade pequena fui
qualquer duma cidade pequena fui pequeno depois nasci de novo numa
pequeno depois nasci de novo numa cidade maior dum modo completamente
cidade maior dum modo completamente diverso do nascimento anterior
diverso do nascimento anterior depois de novo nasci de novo numa
depois de novo nasci de novo numa cidade ainda maior e fui virando uma
cidade ainda maior e fui virando uma pessoa que vai variando seu local
pessoa que vai variando seu local de nascimento uma pessoa variando se
de nascimento uma pessoa variando se variando uma variando de vários de
variando uma variada de vários de avião de viagem de avião de
avião de viagem de avião de de de de

Ars Poética

Operação limpeza

> *Assi me tem repartido extremos, que não entendo...*
> Sá de Miranda

I. SAUDADE é uma palavra
Da língua portuguesa
A cujo enxurro
Sou sempre avesso
SAUDADE é uma palavra
A ser banida
Do uso corrente
Da expressão coloquial
Da assembleia constituinte
Do dicionário
Da onomástica
Do epistolário
Da inscrição tumular
Da carta geográfica
Da canção popular
Da fantasmática do corpo
Do mapa da afeição
Da praia do poema
Pra não depositar
Aluvião

Aqui
Nesta ribeira.

II. Súbito
Sub-reptícia sucurijuba
A reprimida resplandece
Se meta-formoseia
Se mata
O q parecia pau de braúna
Quiçá pedra de breu
Quiçá pedra de breu
     CINTILA
Re-nova cobra rompe o ovo
De casca velha
     SIBILA

III. SAUDADE é uma palavra
O sol da idade e o sal das lágrimas.

Invocação a Sultão das Matas

Eu tava na boca da mata
Eu vi a campa bater
Ajoelhei, botei meu ouvido no chão
Dei um grito e um assobio
Na chegada de Sultão

    Sultão das Matas Ê Ê Ê
    Sultão das Matas Ê Ê Á
    Sultão das Matas Ê Ê Ê
    Sultão das Matas Ê Ê Á

Ponto de Candomblé de Caboclo em louvor de Sultão da Matas que Bidute me ensinou desde a infância em Jequié e nos auges da solidão e desespero recorro sempre a cantar de cor.

Crescente fértil

Embarco.
Barroco arcaico,
pérolas defeituosas,
feitiços encalacrados,
cristais clivados,
ódio ao rococó amaneirado,
fúrias dos meus *eus* espatifados.
Será que estas especiarias voláteis,
de aragens constituídas,
também procedem do oriente?
O que não sei é que mais me atiça.
Salamalaikum.
Em frente ao porto portentoso de Tartous
ali está situada Al-Rouad
— minúscula ilha fenícia de meu pai.
Que não posso ser poeta cristão
assim, pois, nos conformes,
conseguir não consigo equiparar argila e carne,
duas essas tão diversas substâncias.
Porém encafifado costumo cafangar:
"Vá dizer aos meus amigos
que fui para o alto-mar
e que Medina e Meca
já não significam mais nada para mim!"

Ô lastro pesado,
embrulhos desamarrados
que largo
no molhe do quebra-mar.
Que nem remorso
nacarado
das vidas que tive
e das que não tive.
Ao ar salgado,
ao vento brando,
ao troar subentendido de "ó vida futura nós te criaremos",
à flauta doce trauteando os todos ouros e as todas pratas.
Desembarco.

Vapor barato

Oh, sim
eu estou tão cansado
mas não pra dizer
que não acredito mais em você
com minhas calças vermelhas
meu casaco de general
cheio de anéis
vou
    descendo
           por todas as ruas
e vou tomar aquele velho navio
eu não preciso de muito dinheiro
graças a Deus
e não me importa
Oh minha honey baby
baby honey baby
Oh, sim
eu estou tão cansado
mas não pra dizer
que estou indo embora
talvez eu volte
um dia eu volto
quem sabe?
mas eu quero esquecê-la

eu preciso
Oh minha grande
Oh minha pequena
Oh minha grande obsessão
Oh minha honey baby
honey baby

Musicada por Jards Macalé.

Unidade Integrada de Produção RICAMAR Informe

     A RESPEITO DE VIAGENS:
     Trips não para embelezar o cotidiano.
     SIMS: limpar os sentidos — encontrar a
     ingenuidade natural — CONCENTRAZIONE —
descobrir as grandes leis da vida — Malandragem
e Graça no fogo do Carnaval dos Damnados de la terra

    do samba e do pandeiro.
    Dificultando traduções: encontrar e
                  não reencontrar;
                  descobrir e não
                   redescobrir.
SIM: os grandes movimentos.
NÃO: aceitação embellecida do cotidiano.
Dicionário: o vocábulo "cotidiano" deve ser entendido
                 como "terreno das concessões"
Bajo las luces de las estrellas.
Trip:
lucerna de fracos luminosos sinais
entre os rochedos

OS GRANDES MOVIMENTOS
Hoje eu não posso chorar/ hoje eu sou um
técnico isto é uma pessoa que sabe
movimentar certas forças e explodir outras
isto é um técnico poeta viajante guerreiro

TRIPS
R
I
P
S
....
Quadro: EL GRAN SOLITARIO DESPEDAZADO
Alguém se mira dentro do espelho sem piedad.
Vestido desnudando-se desnudo: es la misma cosa:
um mirar sem
      COMPAIXÃO
Apontamentos para os olhos anotações
solamente.
Nigunenhum sentimento.
Hay que tener frialdad.
Aislado de mis compañeros.
Ajenado.
Frialdad lluvia MEUS ojos fijos en los objetos
Ou melhor:
LOS
OJOS
....

TRIPS
R
I
P
S

Première Partie   La fin des voyages
   I
Départ
Je hais les voyages et les explorateurs
TRIPS
R
I
P
S
....
Glossário para os ignorantes:
Ricamar — Edifício Ricamar, morada do poeta por ocasião deste texto, av. N. Sra. de Copacabana, 360, Rio, GB.
....
TRIPS
R
I
P
S
Este informe prosseguirá — sempre com novas notícias — em seu lar.

TRIPS: DEVORA-ME OU DECIFRO-TE.

Por um novo catálogo de tipos

Por aqui tem feito D dias lindos
Procurar um outro AR
        ALTERAR
E o meu ser se esgota na procura patológica
Do que nem sei o que é
E esse é
Não há nunca
Em parte alguma
Prazer algum
Mantra mito nenhum
Que me
        Baste.

ALTERAR

Carta aberta a John Ashbery

A memória é uma ilha de edição — um qualquer
passante diz, em um estilo nonchalant,
e imediatamente apaga a tecla e também
o sentido do que queria dizer.

Esgotado o eu, resta o espanto do mundo não ser
levado junto de roldão.
Onde e como armazenar a cor de cada instante?
Que traço reter da translúcida aurora?
Incinerar o lenho seco das amizades esturricadas?
O perfume, acaso, daquela rosa desbotada?

A vida não é uma tela e jamais adquire
o significado estrito
que se deseja imprimir nela.
Tampouco é uma estória em que cada minúcia
encerra uma moral.
Ela é recheada de locais de desova, presuntos,
liquidações, queimas de arquivos,
divisões de capturas,
apagamentos de trechos, sumiços de originais,
grupos de extermínios e fotogramas estourados.
Que importa se as cinzas restam frias

ou se ainda ardem quentes
se não é selecionada urna alguma adequada,
seja grega seja bárbara,
para depositá-las?
Antes que o amanhã desabe aqui,
ainda hoje será esquecido o que traz
a marca d'água d'hoje.

Hienas aguardam na tocaia da moita enquanto
os cães de fila do tempo fazem um arquipélago
de fiapos do terno da memória.
Ilhotas. Imagens em farrapos dos dias findos.
Numerosas crateras ozoniais.
Os laços de família tornados lapsos.
Oco e cárie e cava e prótese,
assim o mundo vai parindo o defunto
de sua sinopse.
Sem nenhuma explosão final.

Nulla dies sine linea. Nenhum dia sem um traço.
Um, sem nome e com vontade aguada,
ergue este lema como uma barragem
antientropia.

E os dias sucedem-se e é firmada a intenção
de transmudar todo veneno e ferrugem
em pedaço do paraíso. Ou vice-versa.
Ao prazer do bel-prazer,

como quem aperta um botão da mesa
de uma ilha de edição
e um deus irrompe afinal para resgatar o humano fardo.

Corrigindo:
            o humano fado.

1995

Estava escrito no templo de Baco em Baalbeck

Feras e bichos mansos e seivas vegetais transmigram pelos canos
De sangue dos humanos
Metempsicoses e dispersões dos aros do eixo da personalidade
Ganidos de deliciosas perversões sexuais
Surubas das sensações truncadas
Simbioses sonambúlicas com os cenários cambiantes
Cineticismos das patoplastias histéricas
Cios com os caos e os cosmos invertidos
Bacanais de simultaneísmos das multidões turísticas
Pilhas de nervos em vorticistas bastardias
Cadelas mênades engatadas em uma penca de cães
Flor dos ópios mesclada aos vinhos

Orapronobis

(*Tira-teima da cidadezinha de Tiradentes*)

Café coado.
Cafungo minha dose diária de MURILO e DRUMMOND.
Lápis de ponta fina.
Lá detrás daquela serra
Estamparam um desenho de TARSILA na paisagem.
Menino que pega ovo no ninho de seriema.
Pessoas sentadas nos bancos de calcário
Dão a vida por um dedo de prosa.
Cada vereador deposita na mesa da câmara
A grosa de pássaros-pretos que conseguiu matar
Árdua labuta pra hoje em dia
Pois quase já não há
Pássaros-pretos no lugar.
De tarde gritaria das maritacas
Encobre o piano arpejando o Noturno de CHOPIN.
Bêbado escornado no banco da praça.
Orlando Curió cisma um rabo de sereia do mar debuxado
                               no lombo do seu cavalo.

A meia-lua
E a estrela preta
De oito pontas
Do teto da igreja
Do Rosário dos Pretos.

Que luz desponta
Da meia-lua
E que centelha
Da estrela preta de oito pontas
Do teto
Da igreja do Rosário dos Pretos?
Pra quem aponta
A luz da meia-lua
E pra quem cintila
Preta de oito pontas
A estrela desenhada no teto
Da igreja do Rosário dos Pretos?

Bahia turva

> [...] *un étranger dans cette mêlée fraternelle. Même s'il n'a jamais trahi, on sent, à sa manière d'être fidèle, qu'il pourrait trahir, il ne prend pas part comme les autres, il manque à son assentiment quelque chose de massif et de charnel.*
>
> Merleau-Ponty, *Éloge de la Philosophie*

BAHIA QUE TAMBÉM RIMA
COM ALERGIA/ELEGIA
Maré-cheia de fofocas por todos os lados,
do lado da corte
e do lado do cortiço, do bairro burguês
e fofoca da maloca
do mocó do biongo da palafita de alagados.
Que atroz ironia: Rio das tripas, cloaca geral
sociedade anônima
de soterópolis cap, desemboca no mar
por entre o Jardim dos Namorados
e o Jardim de Alah.
Um conselho de eunucos chilreia cheio
de salamaleques sob o loque das palmeiras brabas.
Bahia não só de luzes, Bahia de todas as fezes.
Bahia de todas as trevas

Bahia de vistas turvas e língua de trapo.
Bahia de tantas travas e cabrestos
e tramas e tramoias e taramelas.
O mito reluzente da cidade plantada
na colina por Tomé de Souza
feito enxurro que escorrega encosta abaixo
para as planícies, os vales,
o manguezal alagadiço palafitado
taliqual Ganvier-Benin, os baixos,
o apicum geral.
O apicum.
Até um gerúndio do verbo asnar tornado vereador:
ASNANDO.
Obra-prima do bate-boca, do disse me disse,
"A BRIGA DAS FATEIRAS"
do velho célebre Rabelais do recôncavo
Cuíca de Santo Amaro, o tal.
Um paraíso podrido de mondrongos horrorosos
pintado por um Caravaggio de 15ª categoria,
um Caravaggio acanalhado.
Ilustração adequada: a assim chamada
fase negra de Goya.
Viver na Bahia não é só comer acarajé, não.
Nem xinxin de galinha, comida sem igual.
Viver na Bahia é mastigar um sanduíche
misto de entropia e maledicência
Sandice absoluta pois Bahia também rima
com positiva alegria
que reina no Bar Buteco do Farias

situado no fim da linha do Pasolini
bairro da Fazenda Garcia
onde sempre que podia lá eu ia
e eu ia
e eu ia
e eu lá ia
isto é sempre que podia.
Oh! que brava alegria eu tenho quando
Oh! que brava alegria eu tenho
quando *there's no place*
like Budião, Amaralina *et caterva*.
Bela doida doida doida cidade híbrida
Ora me recorda COTONOU-BENIN
Ora me lembra ALEXANDRIA
de Konstantinos Kaváfis
Quem quiser que invente outra cidade
pois se eu quiser invento outra.
E eu quero.
Uma que seja agulha de luz atlântica.

A vida é paródia da arte

para Luiz Zerbini

Areia
Pedra
Ancinho feito de madeira
Jardins de Kioto

Alucinado pelo destemor
De morrer antes
De ver diagramado este poema
Ou eu trago Horácio pra cá
Pra Macaé de Cima
Ou é imperativo traí-lo
E ao preceito latino de coisa alguma admirar

Sapo
Vaga-lume
Urutau
Estrela

Nestes ermos cravar as tendas de Omar

Ler poesia como se mirasse uma flor de lótus
Em botão
Entreabrindo-se

Aberta
Anacreonte
Fragmentos de Safo
Hinos de Hölderlin
Odes de Reis
El jardín de senderos que se bifurcan
Jardim de Epicuro
Éden
Agulhas imantadas & frutas frescas para a vida diária
&
O desejo
— a mente lateja —
&
O desejo
É o vento ventania
Vento — desfalcado de carnes, de coração —
Latindo na mata
Gemendo nas árvores e nos cipós e nas raízes &
Perfume noturno que atiça esporão
& acicate & açucenas &
Travo rascante da palavra ACICATE
Amalgamado ao olor da palavra AÇUCENA
&
Flores das TROMBETAS
Alucinógenas &
Beber jurema
Ê Ê juremê! Ê Ê juremá!
A flecha caiu serena
No meio deste gongá,
Jurema!

& inda por cima
Os raios desgrenhados do sol
&
Pombajiras peixes vivazes frutas de cores encarnadas
& que arda
Arda a razão atenazada
Arda!!!

Pesadelo de classe

para Marcelo Yuca

se eu não tirar o pé da lama
e não fizer um turismo ecológico
na Chapada dos Guimarães
ou na Chapada dos Veadeiros

se de supetão a lama endurecer
ficar dura que nem bronze
e eu não tirar mais o pé do chão

se eu perder o penúltimo pau de arara
ou o último vagão do trem da fome

se eu não der um tapa num hotel 5 estrelas
ou num voo de primeira classe
champanhe, caviar e blinis
salmão fumê e chablis

se eu não for de bimotor
num voo rasante sobre o pantanal
a um palmo do cocoruto dum tuiuiú
e da mandíbula aberta dum jacaré

ai que pesadelo
se na hora agá
eu não conseguir
tirar o pé da lama

se o cururu eu não ouvir
na beira do rio de Cuiabá
se por azar eu não participar
tim-tim por tim-tim
da festa neopagã do boi Ápis de Parintins

se de supetão a lama endurecer
ficar dura que nem bronze
e eu não tirar mais o pé do chão

1995

Sargaços

para Maria Bethânia

Fatalismo significa dormir entre salteadores.
Jalâl al-Dîn al-Rumi, poeta sufi

Criar é não se adequar à vida como ela é,
Nem tampouco se grudar às lembranças pretéritas
Que não sobrenadam mais.
Nem ancorar à beira-cais estagnado,
Nem malhar a batida bigorna à beira-mágoa.

Nascer não é antes, não é ficar a ver navios,
Nascer é depois, é nadar após se afundar e se afogar.
Braçadas e mais braçadas até perder o fôlego
(Sargaços ofegam o peito opresso),
Bombear gás do tanque de reserva localizado em algum ponto
Do corpo
E não parar de nadar,
Nem que se morra na praia antes de alcançar o mar.

Plasmar
        bancos de areias, recifes de corais, ilhas, arquipélagos, baías,
                                  espumas e salitres,
                                  ondas e maresias.

Mar de sargaços

Nadar, nadar, nadar e inventar a viagem, o mapa,
                              o astrolábio de sete faces,
O zumbido dos ventos em redemunho, o leme, as velas, as cordas,

Os ferros, o júbilo e o luto.
Encasquetar-se na captura da canção que inventa Orfeu
Ou daquela outra que conduz ao mar absoluto.

                     Só e outros poemas
                        Soledades
                                Solitude, récif, étoile.

Através dos anéis escancarados pelos velhos horizontes
Parir,
     desvelar,
          desocultar novos horizontes.
Mamar o leite primevo, o *colostro*, da Via Láctea.
E, mormente,
              remar contra a maré numa canoa furada
Somente
        para martelar um padrão estoico-tresloucado
De desaceitar o naufrágio.

Criar é se desacostumar do fado fixo e ser arbitrário.

Sendo os remos imateriais.

(Remos figurados no ar
pelos círculos das palavras.)

Pelas ondas sabem-se os mares lambem-se as margens.

Sutra de *Sailormoon*

Grumari

Entra mar adentro
Deixa o marulho das ondas lhe envolver
Até apagar o blá-blá-blá humano.

Maré que puxa com força, hoje.
É a lua cheia, talvez...

As retinas correm a cadeia de montanhas que circunda a praia.

Revendo amigos

se me der na veneta eu vou
se me der na veneta eu mato
se me der na veneta eu morro
e volto pra curtir
se pintar algum xote eu tou
se pintar um xaxado eu xaxo
se cair algum coco eu corro
e volto pra curtir
se chego num dia
a cidade é porreta
se chego num dia
a cidade é careta
se chego num dia
e me arranco no outro
e se eu me perder da nau catarineta
eu vou eu mato eu morro
e volto pra curtir
na sopa ralada
eu volto pra cuspir
na sopa ensopada
eu volto pra cuspir
eu vou mato e morro
e volto pra curtir
mas eu já morri

e volto pra curtir
eu já morri
eu vou mato e morro
e volto pra curtir

Musicada por Jards Macalé.

Orfeu do Roncador

Não é que Orfeu resolveu morar nas águas
sossegadas do Roncador?
A cidade confusa, cheia de balbúrdia.
E Orfeu só canta onde gosta de morar:
folhagens (luxúrias de bromélias e helicônias)
aves,
visitações eólicas,
pedras,
águas.
Uns ouvindo o canto intuem Orfeu, outros sentem Oxum.
O canto flutua indeciso entre a identidade
do deus macho e da deusa fêmea.
Os trilhões de gotas da massa líquida
falam ao meu corpo
ora de um jeito, ora de outro.
Que importa a distinção do nome
quando corpo e alma
encharcados em divindade? Nado.

Alaúde, cuíca e pau de chuva.
Qual move as molas das plantas,
desabrocha flores, faz a água manar?
Quem sopra o trompete cromático
      do tombo d'água

no precipício?
Quem tange a lira do lajedo?
Quem canta aí fora na varanda de Dona Ana?
Que entidade range a rede gostosa da casa de Eliana?

Nado no grande livro aberto do mundo.

SOSSEGO (norte do Estado do Rio)
julho 1995

Exterior

Por que a poesia tem que se confinar
às paredes de dentro da vulva do poema?
Por que proibir à poesia
estourar os limites do grelo
                da greta
                da gruta
e se espraiar em pleno grude
                além da grade
do sol nascido quadrado?

Por que a poesia tem que se sustentar
de pé, cartesiana milícia enfileirada,
obediente filha da pauta?

Por que a poesia não pode ficar de quatro
e se agachar e se esgueirar
para gozar
   — CARPE DIEM! —
fora da zona da página?

Por que a poesia de rabo preso
sem poder se operar
e, operada,
         polimórfica e perversa,
não poder travestir-se
         com os clitóris e os balangandãs da lira?

Roteiro turístico do Rio

Fouerbach: riacho de fogo.
Visão do poeta atravessando um RIO DE FOGO.
Locações limitadas às redondezas das moradas do poeta.
Plano da Enes de Sousa — Tijuca — temperança — visita ao Cristo Redentor com duas primas.
Plano de Santa Teresa — Becco da Lagoinha — passeios — Thoreau — os passarinhos do céu — corpo queimado de sol — luz de DEUS — face voltada pro sol — estrada de São Silvestre (fonte d'água).
Plano da Barata Ribeiro — TV — passeios pela Av. Atlântica — casal de homens fazendo reconciliação — as empregadas malucas abaixo da loucura das patroas.
Plano da Barão de Jaguaribe — passeios pela Lagoa Rodrigo de Freitas — encontro com um baiano da cidade baixa (lembrança da Ribeira) — passeios pela praia de Ipanema.
Estácio.
Encontro no Museu de Arte Moderna com dois amigos. chá na Av. Atlântica. almoço no restaurante macrobiótico. declamação da Harpa XXXII de Sousândrade ao telefone (recomendação: remeto os leitores à leitura da Harpa XXXII de Sousândrade).
Banhos de sol nas coberturas da Visconde de Pirajá e da Gávea.
Plano da Engenheiro Alfredo Duarte.
Plano do Centro de Meditação de Santa Teresa — close do monge do Ceilão (vestes alaranjadas) — câmara fecha prato comida forrado folhas bananeiras semelhante comida baiana.

SOM VIOLENTO (atabaques e bongôs nos apartamentos da gebê). Boca de jasmin do cabo. Viste ele?

O jasmin do cabo, branco, estrela todo o pé e junta seus galhos com a ramaria das mangueiras.

romance da boêmia. cena do balcão. juras de balcão de chope.

aspecto normal de qualquer ponto da cidade, na sua vida burguesa, pacata ou agitada, de cada dia. sombras azuis e clarões amarelados das casas de chope. pintura impressionista da Lapa. sonhada Paris. salão de sinuca do Café Lamas.

Vida laboriosa doméstica.

Canoa preta lotada. citylândia. trivial corriqueiro.

eterno festival de Orestes Barbosa.

Mas, e o vácuo que se irá produzir com o desaparecimento de todos esses familiares "esconderijos"? domínios do lar. trotteuses. parte mais pífia de Montmartre.

orquestras.

falecido Hotel Guanabara, de saudosa memória. vielas e cenários de farta iluminação dos bares e vitrinas. esplendores alaranjados onde fervia a cerveja e espumejavam os chopes.

flores-de-campo de Vila Isabel.

Bar Cosmopolita. bonzões afamados. escultura do Elixir de Nogueira.

Publicação em série DRAMAS DO NOVO MUNDO — me tornei um santo desgraçado — meu amigo na hora de viajar comentou que eu era o único realmente monge — os outros, arremedo cuspidos em cima e jogados no fogo e tendo lama afogados na lama com estiletes espetando os grandes olhos abertos, aliás não é verídico, assim é porque quero compor despautado — rogar pragas — árvore do agouro cresce no meu quintal quando ultrapassar a altura do telhado da minha casa morrerei com os olhos furados também — coruja branca — meu amigo na hora de viajar comentou agouro agora está na moda — ror de profetas sem conta — mas profeta sim e profecia não tem vez na minha terra (bate no próprio peito indicando o dono da casa a que se refere) — ror de profetas sem conta — eu já conheço todos eles da TV — não vejo nenhum assombro — já estou acostumado — ror de profetas, iam pra onde iam — CUMPRIR TRISTEZA — ameaça de pé d'água no ar — oco do tempo — mel do melhor.

Despautado. Juntar todos os meus escritos, botar debaixo do braço, levar pra Drummond ver, bater na sua porta, entrar em sua casa pra ouvir o poeta falar que literatura não existe. pela manutenção do culto aos mestres. do aprendiz.

É assim que começa a morte — embriaguez habitual do literato — preparar uma caravana que percorra todos estados numa campanha, reunião da congregação num magnumbar, pro reforma da literatura brasileira.

Seminário de crápulas. Couro de boi marcado a ferro: WITH USURA.

Piedade para com a plebeia gente baiana.

Know how importado: assistir televisão retirando som português: loucura parnazista: TV é linguagem e não língua: já comi tanto papuco de milho que sinto uma galinha.

Criar casco na sola dos pés.

No lugar do coração: osso duro de roer.

RELATÓRIO DO AGENTE SECRETO *LONGHAIR*
— Fala Cabeludo, central à escuta.
— Levanta o pé que lá vai piche: Erotildes Amorim, de 18 anos, desaparecida após uma injeção de 914 com feijoada. poeira, de repetidas visitas às delegacias policiais. ela bateu

com a cabeça na porta do guarda-roupa. especulação do amor pago. voz da tipa. passo miúdo e bolsa dependurada no braço com a mão nas cadeiras. tirava da gaveta uma tabela de preços. se o cabra tirasse os sapatos, era mais caro. otário bem abonado. voz da tipa. e se não abrires tomo oxicianureto aqui mesmo, junto ao teu apartamento. não abres? pois vou escrever um bilhete culpando-te de minha morte.

APARICIO LOGREIRA — o grande escritor empenhado no grande esforço de construção geral exigindo melhor qualidade literária dos nossos escritores — produz o arremate: — Corte de Afrodite, coortes da França, chics demoiselles de France, mulheres profissionais de qualquer ramo de arte, mariposas.

Nos bares os poetas provincianos repetem aos sábados pot-pourri de músicas antológicas numa apresentação muito pálida. poesia declamatória.

Agente LONGHAIR: — Fazer um mapa das categorias por zona. determinação das localizações. ruas e preços. rendez-vous de bicha. suadouro. fantasiadas de meninas de 12 a 14 anos, fitinhas nos cabelos, baby-doll, a menina vem da escola de sacola... bicha pelada. Pecadora, Zilda, Anastácia, Mônica, os nojentos usando os nomes cheios de it das novelas de TV. curtição e tranquilidade no rendez-vous de bicha. contrário da curtição de otário. cuca jogada no lance futuro. vigilância. suadouro comendo solto. o esperto é tapeado e paga pra não brigar.

Maracanã. Gralha Nelson Rodrigues: — Estádio Mário Filho. Maracanã. À direita, Nelson Rodrigues despeja metralhadora: — Estádio Mário Filho. Maracanã. No centro do gramado predomina a cor verde. Atenção: loteria esportiva criou uma rede nacional de futebol.

Videotape do jogo: jovem cabeludo arremessa do alto da arquibancada lá embaixo velho barril de chope de bermudas. charangas. os jovenzinhos machos e as femeazinhas juvenis do Brasil.

Enquanto assistia ao jogo ia esquematizando essa descrição — mesma face de turista estrangeiro... e o avesso secreto — mas não quero me tornar dessas consciências imprensadas tipo espanhol rebelde vendo tourada celebrativa de Franco. Já fostes algum dia espiar do alto da arquibancada do Maracanã?

Filme de terror: torcedor com bandeira do Flamengo desfraldada atravessando rua esmagado por lotação em disparada. SOM: uma vez flamengo sempre flamengo.

VENCER   VENCER   VENCER

Filme de suspense e ação: briga de torcedores junto ao canal de esgoto.

Torcedor obriga torcedor engolir água esgoto.

Voz off: todo jogador deve ir na bola com a mesma disposição que vai num prato de comida. não prender a bola. vai em frente, tuberculoso. entrar em campo pra ganhar. empate e derrota fora dos planos. a areia faz bons craques.

Disse a lei: essas pilastras pequenas podem ser derruídas mas as pilastras grandes não. gravar sonho de mãe é a coisa mais difícil que existe. as pilastras de alabastro. parece que havia alguma coisa que derruía as pilastras. e uma voz disse: as pilastras grandes não podem ser derruídas. ela contou o sonho 4 vezes. as pilastras pequenas são de enfeite são finas são pequenas essas podem ser derruídas. as pilastras grandes não. ela repetia a mesma coisa: vocês precisavam ver vocês precisavam ver. e começaram a ser derruídas as pequenas e as grandes pilastras. nessa hora ela já tinha contado o sonho 4 vezes. eram corpos e mais corpos caindo rolando ela soluçava voltava e repetia: vocês precisavam ver vocês precisavam ver a voz voltou: ainda tem algumas pilastras ainda. e quando ela olhou viu havia luzes piscando muito esparsamente ela não sabia se estava acordada ou se estava dormindo naquele estado entre o sono e a vigília.

Aquele recorte de jornal parecia notícia do início do século ninguém vai mais andar de bonde na zona sul ninguém vai mais poder andar de burro na zona sul parece notícia do início do século ninguém vai mais poder andar de burro na zona sul saiu no Jornal do Brasil de domingo quer dizer aquela estória de cobra na Avenida Rio Branco é verdade ATÉ HOJE. até hoje. Fazer um grande poema pro Rio de Janeiro — espécie de roteiro turístico/sentimental — deixei meu ranchinho pobre no sertão de Jequié — com saudade do grotão: retrato do artista quando brasileiro.

Vício: estou começando a pegar o jeitão largadão de Ascenso Ferreira e sei imitar perfeitamente a voz de João Cabral na faixa Pregão Turístico de Recife do seu disco de poesias — o mar aqui é uma montanha regular redonda e azul mais alta que os arrecifes e os mangues rasos ao sul — estou denunciando j'accuse meus primeiros traços senis, cumpadre... mal da latinidade... e o rock come solto lá fora.

Deixou sua cidade natal pra descobrir a beleza e a vida da Cidade Maravilhosa. Maravilhas que um interiorano vê nas praias de Copacabana — línguas vivas da travessa do Mosqueira (assanhada/ bruaca muito ordinária/ cachorra corrida/ pendurada nos bigodes dos soldados/ mas não anda, como a tua, agarrando os homens na rua/ é porque passou por perto da tua que só toma banho uma vez por ano/ murrinha de gambá com zorrilho/ perfumes/ lavar roupa, linguaruda/ língua de cascavel/ língua de veludo).

Ninguém foi lá restando inteiro: divisa assinalada.

RIO DE FOGO.

Menino frequentador galinheiros trocador revistas porta cinema olhador fotos seriados batedor punheta pessoa comum legião sub-heróis romances Zé Lins Rego — EU QUERO A GERAL — nenhuma família reconhecerá minha foto — punhal legítimo de família pernambucobaiana.

Miguilin: — Dito, você vem me ver lá do estrangeiro?

Nossos temperos resistem no estrangeiro?

Receituário — pra fazer calda botar açúcar no fundo da panela.

Meu coração querendo saltar fora do peito.

Aviso: se avistarem um coração solitário por aí saltando vivo fora do corpo solitário por aí favor devolver no meu endereço sito à rua do sobe e desce número que não acaba nunca.

Pai brasileiro: justiça está aí pra ser cumprida (apresentador de TV aperta mãos pai brasileiro).

Osso do meu osso e carne da minha carne. pode ser chamado homem porque nasceu de mulher. equação. tela de possibilidades. screen of possibilities. perdida inocência do jardim do ÉDEN.

A candeia acesa/ janela iluminada/ qualquer momento a noiva pode retornar.

Ele me dizia ter medo eles não fizessem um mero exame mas aplicassem eletrochoques/ o gênio tomava um negócio pra cristalizar seu cérebro.

Utilizo uma linguagem gasta — embriaguez etc. — e adquiri por mim mesmo direito de escrever na frente de todos e em qualquer lugar como um mestre: o artista nasce da embriaguez: confissões de um velho escritor: a realidade não me contentava busquei consolo na literatura. Suicídio banal do poeta no viaduto do chá paulista como um homem comum: tradução da brava alegria de Cesário... um escritor que passasse toda sua vida recolhendo frases banais. qualquer frase.

Eu virei um sapo eu virei um sapo pula delirando o médico de loucos. situações banais. Que alegria existe em criar um messias caminhando com passos inseguros nestas veredas de pus? Que alegria existe em criar? Que alegria existe em criar nestas veredas de pus? Um poeta é um cara de infinita tristeza. Dentro do carro, por exemplo, a luz do óleo se acendendo e se apagando, pingos no para-brisa, o barulho do motor... imagens fraternas — criaturas das telas — semicírculo lareiro — piano em surdina. Solidão amiga. Tempo. Hertz transístor: conselho nas horas de desespero, meu amigo... hora do ângelus... compreendendo os sentimentos religiosos do povo de nossa terra...

Velho leão precisado de fé — montanhas removem fé — velho leão, necessito de recauchutagem — FÉ-FÉ.

Poder escrever com inocência (ausência de amigos em férias em viagens de negócios vez em quando doentes) mocidade (risadas trocadilhos conhecer todas as cozinhas ser dono de um apetite imenso).

Terceiro relatório do Agente Secreto *LONGHAIR*

LONGHAIR: — Mulheres públicas. selo de navalha. Derramamentos de creolina nos sacos de frutas ou gêneros expostos pedradas nas vitrinas arremesso de mechas inflamáveis para dentro dos balcões. cafajas. Aparecer. ter cartaz. figurar em manchetes de jornais e revistas. isso é o que deseja certa categoria de gente. ciência arte bravura esporte. malandro não atinge fama a não ser pela desordem e o crime. capadocismo. covis, hordas da malandragem. sonho de ser Átila Rei dos Hunos: cara de sarará carioca amasiado com uma prestigiosa macumbeira. famílias distintas. equipe de mulheres, mulherio multiforme nas calçadas. Cantora gostosa. classificação do submundo. luto por uma classificação do submundo: categorias 1ª, 2ª, 3ª classe; putas fichadas no cadastro policial.

Admiro as meninas que fogem com os namorados. Larápio Capistrano Logreira.

Poesia declamatória. Larápio conduzia as moças de família aos salões de baile.

APARICIO LOGREIRA (bigode de guias rebeldes, o velhote não cai dos patins) vitupera: — A imperfeição é inimiga da perfeição. Assumo a ousadia de lançar aqui agora um lema que norteará nossa conduta doravante: FAZER DAS TRIPAS CORAÇÃO.

Contribuamos, pois.

Invocação à loucura — fazer as coisas sem retocar porque na hora do mais forte eu vou ter que me calar mesmo. coma insulínica.

Os que estão na Glória vão se campar ainda mais.

Soltando labaredas pelas narinas e pelos olhos, berra o escritor num comício reivindicativo: eu sou um escritor estou ficando louco eu sou um escritor as pessoas estão desconfiadas de mim eu sou um escritor elas percebem antes o saque que ainda não cometi.

Um local solitário e calmo para minhas leituras.

Me abstenho hoje de fazer qualquer censura — preparar uma reforma econômico/espiritual — um reino macrobiótico — a tomada do poder pela igreja metodista — substituir as qualidades negativas pelas qualidades positivas.

Já não conheço mais os traços do meu rosto SENHOR eu sou o mais humilde dos seus servos nada mais se esconde sob este nome WALY DIAS SALOMÃO não tenho nenhum mistério não aprendi nenhum truque nenhum grande segredo do eterno não tenho nada a preservar — instituído território livre no meu coração: o artista nasce da morte. Balança de Salomão anel de Salomão signo de Salomão provérbios de Salomão sabedoria justiça equidade de Salomão breves discursos morais do sábio acerca de vários assuntos convite e exortação da sabedoria aquisição da sabedoria. Minerva, minha madrinha. Minerva, deusa da sabedoria, minha madrinha. Nossa Sra. Aparecida, padroeira do meu mês/país. TEMPLO DE SALOMÃO.

Sonho infantil: eu era composto de ouro maciço. Banquete da sabedoria.

Hora do nascimento: 5 horas da manhã.

Local do nascimento: Rua Alves Pereira 14 — sede do município de Jequié/BA.

Atenção: coloca-se à venda para o consumo uma imagem externamente bem conservada sem necessidade de maiores reparos bons dentes etc. etc.

Epitáfio — A exploração literária da sua vida o preocupou de maneira obsessiva. Poeta no Monte das Oliveiras: —

Minha alma está triste até a morte. uma nova chance para os auditórios. uma nova chance para o auditório que cantou certo e não desafinou. os candidatos tremendo de medo. a justiça do auditório. é preciso dar nota. entrando numa casa cumprimentar primeiro o dono da casa. o calouro pode estar seguro de que o júri hoje está composto de pessoas humanas e simpáticas. nota e comentário dos jurados. vamos às notas dos jurados. corpo de júri. programas de julgamento. sapateado atrapalhou, o candidato teve que pular o fio do microfone. o centro do espetáculo é o júri. dureza. hora melhor de criança é da meia-noite às sete da manhã quando está dormindo. nas nossas tevês exaltação do cara de pau. nas nossas tevês o reinado dos regionais. assunto pra coluna jornalística de crítica de TV. honrar a cadeira em que está sentado.

Confissão auxiliar radiouvintes labiríntico seriado POETA LOUCO — revelado fio meada espantoso CRIME SÉCULO — fervilha redação jornais — retorce entortecido plástico lápis/tinta — (terminando assoar nariz ou mandar pó pra acender máquina) repórter policial esfrega patas superiores — telefones retinem sala redator-chefe — corre-corre corredores edifício — DESVENDADO caso luzes misteriosas cegaram agente segurança (exibe vitorioso recorte jornal véspera): — EU SOU POETA LOUCO APEDREJADO CALÇADAS.

(Suspira aliviado coração nacional)

Sou um camaleão: cada hora tiro um som diferente: espécie de Himalaia Supremo da Cultura Humana: um Corpus Juris Civili qualquer (confirmar depois se Civili se escreve assim ou não).

As pernas bambas de quem vai ser preso. artista andando de casa em casa mostrando o rosto e dizendo — estou embriagado estou embriagado. pessoa falar assim e escrever assim (celui qui doit mourir) não vai mais poder olhar as outras pessoas não pode mais viver (caneta na mão e caderno em cima da perna dentro do ônibus). e se alguém assim levanta a mão do caderno e vem falar de suicídio?

Sofrimentos do jovem Werther. estou propondo agora o suicídio coletivo. qualquer filme no gênero Eu contra o mundo.

Você sabia? Você sabia que o último long-play de Caetano Veloso em 1968 ia se chamar Boleros & Sifilização?

(minha memória não pode precisar mais com fidelidade/ certeza).

Teatro Nacional de Comédias. o poeta é preso. qual a profissa? interrogatório policial do poeta. poeta responde: — poeta. porrada no poeta. o poeta é colocado para fora do veículo de acordo com a portaria nº 005 de 22-4-1966 — solicitação de auxílio da autoridade policial.

DO IT   DO IT   DO IT   DO IT   DO IT

Velho papo do intelectual de minha cidade interiorana natal que falava em italiano o lema: traduzir é trair.

Vim pro Rio ver como é que é. Vim pro Rio de Janeiro só pra ver como é que é.

AVENIDA SUBURBANA.

AVENIDA ATLÂNTICA.

Estou trocando meu caderno de poesia pelo seu amor. poesia popular. sempre detestei a imagem do poeta provinciano fracassado. reprise do plano do poeta chorando num bar provinciano/ noutra mesa um poeta velho falando severo da ingenuidade do poeta preso. ficarei louco quando me separar da minha JUVENTUDE. tenho pecado tanto, SENHOR.

tenho sido tão orgulhoso. tenho abrigado tanta ira no meu coração — ninho de serpes venenosas cabeças inquietas pela dor de não poder amar meu semelhante irmão poeta louco indestrutível. estes combates imundos dilacerarão meu peito, LORD — SENHOR DOS EXÉRCITOS — forças para que eu não ceda.

Gênios e mais Gênios. Gênios e mais Gênios — o mais portentoso elenco já reunido numa telenovela. dentro de pouco tempo estarei estéril. fertilidade passageira. causa: assassinato dos fertilizantes. vontade assassina que dirige minha vontade minha voz.

Vocês são liberais? Vocês acatam bem os seres supersensíveis? Fuck them. poetas no fim da vida. tristes figuras. cavalheiros literários. Fuck them. ingrato, seu destino é o borralho — sulfuroso elemento. por que me desprezaste assim? ingrato, seu destino é o desterro — desolado elemento. tenho o peito sangrando das almas românticas. tenho os amores fracassados das almas românticas das raças doentias. se eu for pego falando mal do meu irmão (serei eu guarda do meu irmão?) não é por censura é por desespero por não poder lhe livrar a cara do rabo violento de foguete que ele está pegando. reduzir tudo a uma guerra entre as pessoas — o fraco e o forte — reduzir tudo à tal fragilidade incorporada à nossa linfa (ex-vermelho sangue) e à nossa carne.

Fazer um seminário científico sobre comportamento dos cínicos (exemplares de Palhares pulhas crápulas — presidido seminário pela ficção científica do século CONSCIÊNCIA IMPRENSADA — FUCK).

RIO DE FOGO. inscrição numa garagem: COVIL DE LOBOS.

Plano do rapaz do bar da esquina lendo livro de aventuras de Rafael Sabatini/ câmara percorre bairro tranquilo.

Meu Deus — a letter of advice — deixei o livro aberto no poema — marca de fita vermelha — pra ela perceber as lágrimas roçando minha face — gesto furtivo corrente no meu procedimento atual.

x   x   x   x
Fase das belas resoluções. Palidez altiva de Julien Sorel.
x   x   x   x
Welcome o life.
x   x   x   x

Ainda tenho energia para não ser viciado pela mentira/ ilusão: não quero o eterno. Retorna às telas — Efêmero, o terrível — Efêmero, covil dos mais temíveis bandidos — Efêmero, coiteiro dos fora da lei.

As pontas da radial. radial sul. radial norte. radial leste. radial oeste.

Restabelecer casa dos bourbons: febre do absoluto — queimar a luz dos meus olhos — SCORE — tesouro dos grandes mistérios — velocino tosão de ouro.

GRÃ-FINA DA PESADA (superoito a tiracolo): — Nasceu-me a ideia de conhecer melhor o black-ground. andar pelas delegacias recolhendo material. eu namorei um assaltante — o rapaz quando viu a polícia de longe — carrão preto — me deu o revólver pra guardar dentro da bolsa. era um dia frio — eu estava numa praça cheia de bancos. toma conta desse revólver aqui — um revólver niquelado duas cores — sempre fui muito esperta, os homens nunca me levaram. perigo que eu já passei neste Rio de Janeiro. fui acidentada duas vezes. um jogador me deu uma bandeira linda. o bandido se coçando o tempo inteiro, eu não podia adivinhar que aquilo era um assaltante. noutro dia a faca fria roçando meu pescoço minha nuca. vai ser esperta lá debaixo d'água. fico dando conselhos às novas gerações. telefonema do português do armazém da Avenida Brasil. duas horas da manhã, eu na cadeira sentada, os homens pensando em me carregar pra casa. na ponte da Leopoldina. pegador de mulher. estrangulador, arrancava os pescoços delas. conheço cada lugar. me meto nas barras não fico como essas acomodadas. nunca saem da linha. fui operada e o bandido — uma cara de louco medonha — me dava pontapés rompeu os pontos uma hemorragia pavorosa. ele me abraçava dizendo estou com a cabeça queimando. a polícia veio me trazer em casa. eu com a máquina na bolsa. um segurava firme em meu braço, deixou marcas — isto foi de outra vez.

Aparício Logreira, dono da lavanderia de textos CLEAN WATER. material bruto. material semibruto. 1º tratamento. 2º tratamento. ação de enxaguar. esterilização da roupa. tratamento completo CLEAN WATER.

Vi cinemas muitas fitas fui no Corcovado.

Povo sem memória, precisamos retornar ao samba-canção.

Pílula de pessimismo — paisagens amigos amores nunca mais pensarão minhas dores.

Mas agora que eu já sei como é que é.

Quadro se completa: dentro de pouco tempo ficarei cego — triste já estou — é próprio da raça portuguesa fabricar fingimentos — face batida pela luz do Senhor — TUPÃ DESDENTADO.

Quero voltar bem depressa...

Curta-metragem amador: pontapé no traseiro do nosso personagem/ porta torna a fechar/ personagem ao relento/ casa fechada/ ele sentado no mato acuado pelos cães. Mensagem voz off: é um ato de piedade internar este homem. eu não tenho medo eu tenho pena dele gritando estou me acabando.
... pro sertão de Jequié. Jequié — cidade sol. Toca Asa Branca, Avilidio.
Sou muito pouco hábil na arte de aconselhar (me falta técnica capacidade competência) — MEU NOME É SAL — meu dedo indicador — branco de SAL — traz SAL pra você — perante — lamber — minha mão grande.
Mas agora que eu já sei como é que é.
Poeira do mundo. sem pouso. outros sertões. ontheroad.
Pequeno teatro para os ouvintes de casa.
Palácio do xeque visado — de casaco de couro rasgado às costas, ELE, o costumeiro, avança, agitando manuscritos nas mãos, para ELA — A FEITICEIRA — Grã-fina da Pesada (superoito a tiracolo).
ELE: — eu maltratei você machuquei espanquei chamei Gertrude Stein de merda rasguei seu dinheiro cuspi em cima mas agora sou seu escravo e lhe dou parceria no samba-canção.
ELA, Gertrude Stein, trauteia EU NÃO MEREÇO AS MIGALHAS QUE CAEM DA SUA MESA — termina de arrumar malas — parte para Aeroporto Internacional Voo Rio de Janeiro/ New York — pensa consigo sentada no avião: viajar pelo mundo inteiro carregando bandido, fim da peça manjada de Nelson Rodrigues "Lugar de leão é no circo".
(garçonete entra trazendo refresco no copo de papel).
CIDADE MARAVILHOSA.

Ponto maior do mapa: beleza e a vida da cidade maravilhosa.

Caderno atravessando Atlântico colado à parede da barriga mais caneta no bolso = excesso de escritores brasileiros viajam pelo mundo.

Próxima atração — lançamento do personagem DONA EXCRESCÊNCIA — a mangadora da nossa sorte — ela atravessará o Atlântico estenderá suas visitas e dirá:

— Que merda de século.

(Já nas gráficas, em fase de acabamento, o prosseguimento deste folhetim intitulado — MY WAY AGAINST BABYLON. Desde já reserve seu exemplar. My way against Babylon, o escritor se apresenta melhor que nunca.)

Post mortem

Um cavalo-marinho mergulha em seus círculos de corais
mas em sua mente só releva a atualidade do belo.
O passado pode estar abarrotado de chateações
mas daqui pra frente ótimas fotos e melhores filmes
e amor e gravidez no bojo do macho
e horas infindas deitado nas areias
especulando nuvens
que se esgarçam ao sabor e ao deslize das figuras.
Um gosto permanecer aqui extasiado
e sem querer comparecer a nenhum *vernissage*
cansado dos artistas
que dão a seus quadros a última demão de verniz
e permanecer lasso das exposições e dos museus a visitar
e do *dernier cri*
esquecer os pacotes de encomendas à *Amazon Books*
e fugir dos seminários sem sêmen nem humor trocadilhescos.
Quase morrer é assim:
uma cada vez mais crescente ojeriza com a "vidinha literária"
de par com a imorredoura memória de certas linhas,
por exemplo,
que durante o resto de tempo que me é concedido viver
e na hora H da morte,
estampada na minha face esteja a legenda:
O que amas de verdade permanece, o resto é escória.

Sonhar com Provenças e Venezas e Florenças.
Rever Piero della Francesca
e a Essaouira de meu amigo Garbil, o boxeador.
E a vista de Delft de Vermeer.
A Barcelona do poeta-CLOCHARD-palhaço Joan Brossa.
A cena de New York, minha e de todos e de Ashbery
e de Frank O'Hara e de ninguém.

Sobem fiapos da infância de um tabaréu:
ora eu era
uma piaba nadando por entre bancos de areia do Rio das Contas
ora eu era
um acari das locas do Gongogi — rio cheio de baronesas.
Idade de ouro fluvial, plástica, flamante.
Fogueira gigante das noites de São João. Fogos de bengala.
Eu sozinho menino e o Amadis de Gaula
e os outros todos principais cavaleiros
e as outras todas principais damas
que povoavam as varandas, os pastos, o curral, a balsa, a chácara,
as pedras, os capins e as matas da Coroa Azul do raro Balito.
Convive-se com uma criatura sem imaginar sequer de que reino
                                                              provém.

Em louvor de Propertius

> *en frente a moribunda alejandría,*
> *a cuzco moribundo.*
> Cesar Vallejo, *Trilce*

Agora
Um olhar que passa
E perpassa sobre as coisas
Indolente como um gato persa
      opiômana majestade
         potestade oriental.

Em louvor da poesia futura de Propertius
Outrora a vida fervilhou em Tebas
E era Troia adornada com torres.

Outrora Tebas...
Ontem Atenas...
Hoje Roma...

Amanhã...

(Ó *Virgílio*
acolá
para quem vale a IDADE FINAL e a GRANDE ORDEM DOS SÉCULOS?)

Outros quinhentos

Abr'olhos
Abr'olhos para as flores da trepadeira CAMÕESIA MÁXIMA!

Apuro juízo e vista:
em matéria de previsão eu deixo furo
futuro, eu juro, é dimensão
que não consigo ver
nem sequer rever
isto porque no lusco-fusco
ora pitombas!
minha bola de cristal fica fosca
mando bala no escuro
acerto tiro na boca da mosca
outras tantas giro a terra toda às tontas
dobro o Cabo das Tormentas
rebatizo-o de Boa-Esperança
e nessa espécie de caça ao vento leviano
vou pegando pelo rabo
a lebre de vidro do acaso.
Por acaso,
em matéria de previsão só deixo furo
— o juízo e a vista apuro —
futuro, juro, d'imensidão q ignoro
abr'olhos
vejo bem no claro
turvo no escuro
minha vida afinal navega taliqual

caravela de Cabral
um marinheiro enfia a cara na escotilha
um grumete na gávea ziguezagueia e berra
ou o escrivão ou o capelão ou o capitão do tombadilho zurra
sinal de terra, terra ignota à vista!

tanto faz Brasil, Índia Ocidental Índia Oriental,

ó sina, toucinho do céu e tormento,
ó fado, amo e odeio
o vira, a volta e o volteio
          da sinuca
          da sempre mesma

                  d
                 a
                n
               ç
              a
             —
            l
           e
          s
         m
        a
da sinuca de bico vital.

Açorda!
Vatapá!
Abr'olhos
Abr'olhos para as flores
        — pretéritas ou recentíssimas —
            da trepadeira CAMÕESIA MÁXIMA!

Clandestino

para Adriana Calcanhotto

vou falar por enigmas.
apagar as pistas visíveis.
cair na clandestinidade.
descer de paraquedas
/camuflado/
numa clareira clandestina
da mata atlântica.

já não me habita mais nenhuma utopia.
animal em extinção,
quero praticar poesia
— a menos culpada de todas as ocupações.

já não me habita mais nenhuma utopia.
meu desejo pragmático-radical
é o estabelecimento de uma reserva de ecologia
— quem aqui diz estabelecimento diz ESCAVAÇÃO —
que arrancará a erva daninha do sentido ao pé da letra,
capinará o cansanção dos positivismos e literalismos,
inseminará e disseminará metáforas,
cuidará da polinização cruzada,

cultivará hibridismos bolados pela engenharia genética,
adubará e corrigirá a acidez do solo,
preparará a dosagem adequada de calcário,
utilizará o composto orgânico
excrementado
pelas minhocas fornicadoras cegas
e propagará plantas por alporque
ou por enxertia.

já não me habita mais nenhuma utopia.

sem recorrer
ao carro alegórico:
olhar o que é,
como é, por natureza, indefinido.
quero porque quero o êxtase,
uma réplica reversora da república de Platão
agora expulsando para sempre a não poesia
da metamorfose do mundo.

já não me habita mais nenhuma utopia.
bico do beija-flor suga glicose
no camarão
em flor.

(de um livro em preparação, sem nome fixo)

Grampo/radar, radares/leilão dos celulares/Sivam

Me envie sinais.
Não fique sem me dizer nada.
Quero me certificar que não foi interceptada
minha mensagem para um Destinatário Especial: você.
Rastreie informações e me relate as mudanças
do curso do rio.
Fique de olho nos leilões.
Não coloque tarjeta de DEMAIS AFLITO em mim.
Intrincada é a natureza das coisas.
Olho aceso para as expectativas dos competidores.
Como lidar com especuladores rivais?
Como alocar recursos escassos?
Como camuflar recursos abundantes?
Falta você se impregnar com a teoria do jogo,
fazer osmose com o título PENSANDO ESTRATEGICAMENTE.
Inferno verde *cobra Norato* hileia amazônica *Galvez*.
Com que barranco ergui meu banco de dados?
Com tambaquis, tucunarés, surubins que morderam
o curare do meu anzol.

Esperteza e pés ligeiros...
Por Hermes! — patrono dos mercadores honestos,
        dos ladrões,

    dos que cruzam e recruzam fronteiras,
    dos fronteiriços.
Por Hermes! — trapaceiro de nascença
    e de múltiplas rodadas.
Por Hermes! — pastor dos banhos de mercúrio,
     dos bamburros de cianureto
    e dos rebanhos das ações escusas. Herméticas.
Por Hermes! Por Mercúrio!
Analisar rápido o estoque de opções,
os vários pacotes de licenças.
Deposite papel podre. Aja e retorne ligação.

Vitória-régia nenhuma à vista,
mas a flor da parabólica capta direto
sem inclinação
capta os sinais direto dos satélites estacionados no céu
da linha demarcatória do equador
30 km daqui de São Gabriel da Cachoeira.
Radares passam o pente-fino no *espaço aéreo*.
Nas nossas transas, ai meus cuidados,
Não pronuncio nem cicio *Letícia, Letícia, Letícia*.
Cifro: alegria latina. Omito referência à cidade homônima.
Da palavra *letícia* dispenso o resto das letras
e balbucio só o *c* de bulício, cio, chiado,
     cama, cunhantã, cunhã e cobertor,
para homenagear e trair
    (com o silício, a sombra, a soturnidade
    das selvas verde escuras oscuras obscuras)
os sentimentos do ocidental Cesário.

Camuflo distinto uniforme: Ó que brava alegria eu tenho
                     quando sou como os mais.
Radares: esgaravatadores de piolhos e lêndeas
              da cabeleira
              do céu da fronteira?
Mergulhe na água — cor de vinagreira — do alto Rio Negro.
Mergulhe.
Olhe.
Não esqueça que o diabo faz seu ninho
é nos galhos
dos detalhes.
          E se chover canivetes
          nas cabeceiras dos rios
          da bacia semântica,
use o *embaralhador de registros* e *vozes*.

Mudez também fala.
Vista camuflagem.
Fonte não se revela.
Componha um poema paranoico
em Nheengatu.

> *São Gabriel da Cachoeira. Amazonas.*
> *Durante feitura do vídeo* Viagem na fronteira
> *com Carlos Nader.*

Antiviagem

Toda viagem é inútil,
medito à beira do poço vedado.

Para que abandonar seu albergue,
largar sua carapaça de cágado
e ser impelido corredeira rio abaixo?
Para que essa suspensão do leito
da vida corriqueira, se logo depois
o balão desinfla velozmente e tudo
soa ainda pior que antes pois entra
agora em comparação e desdoiro?

Nenhum habeas corpus
é reconhecido no Tribunal de Júri do Cosmos.
O ir e vir livremente
não consta de nenhum Bill of Rights cósmico.
Ao contrário, a espada de Dâmocles
para sempre paira sobre a esfera do mapa-múndi.
O Atlas é um compasso de ferro
demarcando longitudes e latitudes.

Quem viaja arrisca
uma taxa elevada de lassitudes.
Meu aconchego é o perto,

o conhecido e reconhecido,
o que é despido de espanto
pois está sempre em minha volta,
o que prescinde de consulta
ao arquivo cartográfico.
O familiar é uma camada viscosa,
protetiva e morna
que envolve minha vida
como um para-choque.

Nunca mais praias nem ilhas inacessíveis,
não me atraem mais
os jardins dos bancos de corais.

Medito à beira da cacimba estanque
logo eu que me supunha amante
ardoroso e fiel
do distante
e cria no provérbio de Blake que diz:

EXPECT POISON FROM THE STANDING WATER.

Ou seja:

AGUARDE VENENO DA ÁGUA PARADA.

ÁGUA ESTAGNADA SECRETA VENENO.

1995

ÍNDICE DE TÍTULOS E PRIMEIROS VERSOS

Alteza, 26
A missa do Morro dos Prazeres, 31
Antiviagem, 104
Ars Poética, 41
ARVO, 39
A vida é paródia da arte, 61

Bahia turva, 58
Brejões, 36

Cânticos dos Cânticos de Salomão, 37
Carta aberta a John Ashbery, 52
Clandestino, 99
Crescente fértil, 44

Em louvor de Propertius, 96
Estava escrito no templo de Baco
  em Baalbeck, 55
Exterior, 75

Garrafa, 34
Grampo/radar, radares/leilão
  dos celulares/Sivam, 101
Grumari, 70

Invocação a Sultão das Matas, 43

Orapronobis, 56
Orfeu do Roncador, 73
Outros quinhentos, 97

Pan cinema permanente, 28
*Pelas ondas sabem-se os mares
  lambem-se as margens*, 69
Pesadelo de classe, 64
Poema jet-lagged, 21
Por um novo catálogo de tipos, 51
Post mortem, 94

Revendo amigos, 71
Roteiro turístico do Rio, 76

Samba, 33
Sargaços, 66

Tarifa de embarque, 29
Teste sonoro, 40

Unidade Integrada de Produção
  RICAMAR Informe, 48

Vapor barato, 46

CRONOLOGIA

1943 — Nasce em Jequié, Bahia, no dia 3 de setembro, Waly Dias Salomão, filho de Elizabeth Dias da Silva Salomão, sertaneja, e Maximino Hage Suleiman, nascido Mustafá, de origem síria.

1960 — Com a morte do pai, Waly vai para Salvador terminar o ensino secundário no Colégio Estadual da Bahia, o famoso Central. Afeito à literatura, ingressa na Faculdade de Direito da Universidade Federal da Bahia (UFBA), atendendo à vontade de sua mãe e de seu irmão mais velho. Paralelamente ao direito, frequenta as aulas da Escola de Teatro da mesma instituição e participa do CPC de Salvador ao lado de Capinan, Geraldo Sarno e Tom Zé. Torna-se um dos protagonistas da efervescência cultural da capital baiana, centrada no campus da Universidade.

1967 — Forma-se em direito, profissão que nunca exercerá. Deixa o diploma em Salvador e parte, sem dinheiro, para o Rio de Janeiro. De 1967 a 1969, transita entre Rio e São Paulo. Na capital paulista, mora com amigos baianos, como Luiz Tenório e Caetano Veloso, que Waly conheceu anos antes na UFBA. Os três dividem apartamento, ainda, com Dedé Gadelha e Duda Machado, na rua São Luís, até a prisão de Caetano, em dezembro de 1968.

1970 — É abordado numa blitz na avenida São João, em São Paulo, e preso por porte de maconha. No presídio do Carandiru, Waly escreve seu primeiro texto, "Apontamentos do Pav 2". Hélio Oiticica é seu primeiro e entusiasmado leitor. Faz suas primeiras letras para as canções "Vapor barato" e "Anjo exterminado", que serão parcerias com Jards Macalé.

1971 — Concebe e dirige o show *Gal fatal — a todo vapor*, de Gal Gosta, com a participação do Lanny Gordin Trio. No cenário constavam como destaque as palavras -FA - TAL- e VIOLETO, extraídas de texto poético de Waly. Anos mais tarde, no livro *Verdade tropical* (1997), Caetano Veloso dirá que o espetáculo "era o dínamo das energias criativas brasileiras" de então.

1972 — Publica *Me segura qu'eu vou dar um troço*, seu primeiro livro, pela José Álvaro Editor. O show de Gal Costa dirigido por Waly é transformado em álbum duplo pela gravadora Philips. Com Torquato Neto, edita a revista *Navilouca* (que só seria impressa dois anos mais tarde). Torquato Neto suicida-se no mesmo ano.

1973 — A parceria com Gal continua no novo projeto musical da cantora, *Índia*. Waly faz a direção artística do LP e do show da cantora baiana. Ao lado de Ana Maria Duarte (viúva de Torquato Neto), Waly reúne poemas e artigos do poeta piauiense e organiza o livro póstumo *Os últimos dias de pauperia*, editado pela Livraria Eldorado, no Rio de Janeiro. O livro vinha acompanhado de um compacto simples com duas canções de Torquato (com Carlos Pinto), cantadas por Gal Costa e Gilberto Gil e com produção de Waly.

1974 — Produz com Jards Macalé *Aprender a nadar*, álbum do cantor e compositor. Vai para Nova York, onde encontra Hélio Oiticica. Estuda inglês na Universidade de Columbia.

1975 — Começa a produzir os primeiros Babilaques, trabalhos visuais criados a partir de fotografias de seus cadernos manuscritos. Conhece, em Nova York, Marta Braga, com quem vai ter dois filhos e morar até o fim da vida. Voltam então para Salvador, onde moram numa casa de pescadores no alto de Itapuã, perto da Lagoa de Abaeté.

1976 — Viaja até Curitiba a convite de Paulo Leminski, para exibir os Babilaques. Participa da antologia *26 poetas hoje*, organizada por Heloisa Buarque de Holanda.

1977 — O casal muda-se para o Rio de Janeiro e cria a editora Pedra Q Ronca, que publica no mesmo ano o primeiro livro de Caetano Veloso, *Alegria alegria*. Escreve a letra do reggae "Negra Melodia", musicada por Jards Macalé.

1979 — Nasce Khalid, primeiro filho de Marta e Waly. Faz com Caetano a canção que dá título ao disco *Mel*, de Maria Bethânia, e dirige, no ano seguinte, o show homônimo da cantora.

1982 — Viaja à Europa, passando antes pelo Marrocos, onde conhece as cidades de Rabat, Marrakech e Essaouira, tendo seu primeiro contato in loco com a cultura árabe.

1983 — É publicado seu segundo livro, *Gigolô de bibelôs*, pela editora Brasiliense. Nasce Omar, segundo filho do casal.

1984 — Com Gilberto Gil, compõe a trilha sonora do filme *Quilombo*, de Cacá Diegues. Participa, ao lado de Paulo Leminski, Francisco Alvim e Chacal, do curta-metragem *Assaltaram a gramática*, de Ana Maria Magalhães. Escreve para o filme a letra da canção homônima, parceria com Lulu Santos.

1985 — Direção artística do show *Festa do interior*, de Gal Costa, no Maracanãzinho. Waly assina a supervisão geral artística do evento "Gil 20 anos-luz" com Gilberto Gil e diversos artistas da MPB em novembro no Ibirapuera, em São Paulo.

1986 — Organiza com Lygia Pape e Luciano Figueiredo o livro póstumo de Hélio Oiticica, *Aspiro ao grande labirinto*, publicado pela editora Rocco. O trio é responsável pela curadoria da exposição *O q faço é música*, com obras de Hélio em exibição durante o mês de fevereiro na Galeria de Arte de São Paulo. Waly volta a Salvador para dirigir a Fundação Casa de Jorge Amado e, pela Fundação Gregório de Matos, então presidida por Gilberto Gil, coordenar o Carnaval da Bahia. Durante os dois anos seguintes, Waly daria maior visibilidade aos tradicionais blocos afros da capital baiana.

1988 — Waly é nomeado presidente da Fundação Gregório de Matos.

1989-90 — Waly volta para o Rio de Janeiro, onde faz a concepção artística do novo projeto musical de Gal Gosta, *Gal plural*. Em 1990, o disco é lançado e Waly é responsável pela direção do show.

1991 — Divide com Antonio Cicero a direção artística do disco *Zona de fronteira*, de João Bosco.

1993 — É publicado *Armarinho de miudezas*, pela Fundação Casa de Jorge Amado, em Salvador. Concebe com Antonio Cícero o ciclo de palestras "Enciclopédia da virada do século", que acontece no Rio e em São Paulo, tendo como participantes poetas como João Cabral de Melo Neto, Joan Brossa e John Ashbery e reconhecidos pensadores brasileiros e estrangeiros como Haroldo de Campos, Richard Rorty, Tzvetan Todorov, Derek Walcott, Peter Sloterdijk, entre outros.

1994 — Entusiasta do Afroreggae, Waly Salomão é nomeado diretor de comunicação da ONG de Vigário Geral.

1996 — Publicação dos livros *Algaravias: Câmara de ecos* (Editora 34) e *Hélio Oiticica: qual é o parangolé?* (Relume-Dumará). *Algaravias* vence o prêmio Alphonsus de Guimaraens da Biblioteca Nacional. Participa do vídeo *Trovoada*, dirigido por Carlos Nader.

1997 — *Algaravias* ganha o prêmio Jabuti. Waly produz o disco e o espetáculo *Veneno antimonotonia*, de Cássia Eller, eleito pela imprensa o melhor show do ano.

1998 — Lança o livro *Lábia*, pela editora Rocco. Seguindo seu "tino e obsessão", vai até a ilha de Arwad, na Síria, atrás de seus parentes paternos, cujo contato havia se perdido quarenta anos antes. É entrevistado pela TV Síria. Escreve o poema "Janela de Marinetti", dedicado ao irmão Jorge Salomão, publicado em seu livro seguinte, *Tarifa de embarque*.

1999 — Vai ao "Festival Ayloul de Arte Eletrônica", no Líbano, com Carlos Nader. Aproveita a ida ao Oriente Médio e retorna a Arwad. As imagens dessa viagem seriam incluídas no documentário de Carlos Nader sobre Waly, *Pan cinema permanente*, de 2007.

2000 — É publicado, pela editora Rocco, *Tarifa de embarque*.

2001 — Waly lança a coletânea de poemas *O mel do melhor*, também pela editora Rocco. Participa, em São Paulo, do ciclo de palestras "Anos 70: trajetórias".

2002 — No cinema, encarna o papel do poeta Gregório de Matos no filme homônimo de Ana Carolina. É contemplado com a Bolsa Vitae para produzir um livro novo, que termina e a que dá o nome de *Pescados vivos*, mas não chega a vê-lo publicado. Lança, em parceria com o artista plástico Luiz Zerbini, *A vida é paródia da arte*, pela Dantes Editora.

2003 — É nomeado presidente da Secretaria do Livro e da Leitura pelo ministro da Cultura, Gilberto Gil. No dia 5 de maio, morre no Rio de Janeiro em decorrência de um tumor no intestino, aos 59 anos. Durante o velório, na Biblioteca Nacional, os grupos AfroReggae e AfroLata tocam seus tambores e, sobre o poeta, a escola de samba da Mangueira estende sua bandeira verde e rosa. A editora Aeroplano reedita *Me segura qu'eu vou dar um troço*, o primeiro livro de Waly Salomão.

ESTA OBRA FOI COMPOSTA POR ELISA VON RANDOW EM
GT SUPER TEXT E ABC WHYTE INKTRAP E IMPRESSA PELA GRÁFICA SANTA
MARTA EM OFSETE SOBRE PAPEL PÓLEN BOLD DA SUZANO S.A.
PARA A EDITORA SCHWARCZ EM JANEIRO DE 2023.

A marca FSC® é a garantia de que a madeira utilizada na fabricação do papel deste livro provém de florestas que foram gerenciadas de maneira ambientalmente correta, socialmente justa e economicamente viável, além de outras fontes de origem controlada.